公共安全视频图像信息系统管理条例
公共安全视频图像信息系统监督管理工作规定

中国法治出版社

公共安全视频图像信息系统管理条例
公共安全视频图像信息系统监督管理工作规定

中国法治出版社

目 录

公共安全视频图像信息系统管理条例 ……………（1）

公共安全视频图像信息系统监督管理工作
规定 …………………………………………（14）

公共安全视频图像信息系统管理条例

（2024年12月16日国务院第48次常务会议通过 2025年1月13日中华人民共和国国务院令第799号公布 自2025年4月1日起施行）

第一条 为了规范公共安全视频图像信息系统管理，维护公共安全，保护个人隐私和个人信息权益，根据有关法律，制定本条例。

第二条 本条例所称公共安全视频图像信息系统（以下简称公共安全视频系统），是指通过在公共场所安装图像采集设备及相关设施，对涉及公共安全的区域进行视频图像信息收集、传输、显示、存储的系统。

第三条 公共安全视频系统管理工作坚持中国共产党的领导，贯彻党和国家路线方针政策和决策部署。

建设、使用公共安全视频系统，应当遵守法律法规，坚持统筹规划、合理适度、标准引领、安全可控，不得危害国家安全、公共利益，不得损害个人、组织的合法权益。

第四条 国家鼓励和支持视频图像领域的技术创新与发展，建立和完善相关标准体系，支持有关行业组织依法加强行业自律，提高公共安全保障能力和个人信息保护水平。

第五条 国务院公安部门负责全国公共安全视频系统建设、使用的指导和监督管理工作。国务院其他有关部门在各自职责范围内负责公共安全视频系统建设、使用的相关管理工作。

县级以上地方人民政府公安机关负责本行政区域内公共安全视频系统建设、使用的指导和监督管理工作。县级以上地方人民政府其他有关部门在各自职责范围内负责公共安全视频系统建设、使用的相关管理工作。

第六条 县级以上地方人民政府应当加强对公共安全视频系统建设的统筹规划，充分利用现有资源，避免重复建设。

第七条 城乡主要路段、行政区域道路边界、桥梁、隧道、地下通道、广场、治安保卫重点单位周边区域等公共场所的公共安全视频系统，由县级以上地方人民政府按照建设规划组织有关部门建设，纳入公共基础设施管理，建设、维护经费列入本级政府预算。

下列公共场所涉及公共安全区域的公共安全视频系统，由对相应场所负有经营管理责任的单位按照相关标准建设，安装图像采集设备的重点部位由县级以上地方人民政府各有关部门按照职责分工指导确定：

（一）商贸中心、会展中心、旅游景区、文化体育娱乐场所、教育机构、医疗机构、政务服务大厅、公园、公共停车场等人员聚集场所；

（二）出境入境口岸（通道）、机场、港口客运站、通航建筑物、铁路客运站、汽车客运站、城市轨道交通站等交通枢纽；

（三）客运列车、营运载客汽车、城市轨道交通车辆、客运船舶等大中型公共交通工具；

（四）高速公路、普通国省干线的服务区。

在前两款规定的场所、区域内安装图像采集设备及相关设施，应当为维护公共安全所必需，除前两款规定的政府有关部门、负有经营管理责任的单位（以下统称公共安全视频系统管理单位）外，其他任何单位或者个人不得安装。

第八条　禁止在公共场所的下列区域、部位安装图像采集设备及相关设施：

（一）旅馆、饭店、宾馆、招待所、民宿等经营接待食宿场所的客房或者包间内部；

（二）学生宿舍的房间内部，或者单位为内部人员提供住宿、休息服务的房间内部；

（三）公共的浴室、卫生间、更衣室、哺乳室、试衣间的内部；

（四）安装图像采集设备后能够拍摄、窥视、窃听他人隐私的其他区域、部位。

对上述区域、部位负有经营管理责任的单位或者个人，应当加强日常管理和检查，发现在前款所列区域、部位安装图像采集设备及相关设施的，应当立即报告所在地公安机关处理。

第九条 在本条例第七条规定之外的其他公共场所安装图像采集设备及相关设施，应当为维护公共安全所必需，仅限于对该场所负有安全防范义务的单位或者个人安装，其他任何单位或者个人不得安装。

依照前款规定安装图像采集设备及相关设施的，应当遵守本条例除第十一条、第十四条、第十五条、第十六条第二款、第十七条规定的强制性要求之外的其他各项规定。

第十条 依照本条例安装图像采集设备及相关设施，位于军事禁区、军事管理区以及国家机关等涉密单位周边的，应当事先征得相关涉密单位的同意。

第十一条 公共安全视频系统管理单位应当按照相关标准建设公共安全视频系统，开展设计、施工、检验、验收等工作，并依法保存、管理相关档案资料。

第十二条 公共安全视频系统采用的产品、服务应当符合国家标准的强制性要求。产品、服务的提供者不得设置恶意程序；发现其产品、服务存在安全缺陷、漏洞等风险时，应当立即采取补救措施，按照规定及时告知用户并向有关主管部门报告。

第十三条 公共安全视频系统管理单位应当按照维护公共安全所必需、注重保护个人隐私和个人信息权益的要求，合理确定图像采集设备的安装位置、角度和采集范围，并设置显著的提示标识。未设置显著提示标识的，由公安机关责令改正。

第十四条 公共安全视频系统管理单位应当在系统投入使用之日起 30 日内，将单位基本情况、公共安全视频系统建设位置、图像采集设备数量及类型、视频图像信息存储期限等基本信息，向所在地县级人民政府公安机关备案。本条例施行前已经启用的，应当在本条例施行之日起 90 日内备案。公共安全视频系统备案事项发生变化的，应当及时办理备案变更。

公共安全视频系统管理单位应当对备案信息的真实性负责。

公安机关应当加强信息化建设，为公共安全视频系统管理单位办理备案提供便利，能够通过部门间信息共享获得的备案信息，不要求当事人提供。

第十五条 公共安全视频系统管理单位应当履行系统运行安全管理职责，履行网络安全、数据安全和个人信息保护义务，建立健全管理制度，完善防攻击、防入侵、防病毒、防篡改、防泄露等安全技术措施，定期维护设备设施，保障系统连续、稳定、安全运行，确保视频图像信息的原始完整。

公共安全视频系统管理单位委托他人运营的，应当通过签订安全保密协议等方式，约定前款规定的网络安全、数据安全和个人信息保护义务并监督受托方履行。

第十六条 公共安全视频系统管理单位使用视频图像信息，应当遵守法律法规，依法保护国家秘密、商业秘密、个人隐私和个人信息，不得滥用、泄露。

公共安全视频系统管理单位应当采取下列措施，

防止滥用、泄露视频图像信息：

（一）建立系统监看、管理等重要岗位人员的入职审查、保密教育、岗位培训等管理制度；

（二）采取授权管理、访问控制等技术措施，严格规范内部人员对视频图像信息的查阅、处理；

（三）建立信息调用登记制度，如实记录查阅、调取视频图像信息的事由、内容及调用人员的单位、姓名等信息；

（四）其他防止滥用、泄露视频图像信息的措施。

第十七条　公共安全视频系统收集的视频图像信息应当保存不少于30日；30日后，对已经实现处理目的的视频图像信息，应当予以删除。法律、行政法规对视频图像信息保存期限另有规定的，从其规定。

第十八条　为公共安全视频系统提供网络传输服务的电信业务经营者，应当加强对视频图像信息传输的安全管理，依照法律、行政法规的规定和国家标准的强制性要求，采取技术措施和其他必要措施，保障网络安全、稳定运行，维护数据的完整性、保密性和可用性。

第十九条　接受委托承担公共安全视频系统设计、施工、检验、验收、维护等工作的单位及其工作人员，应当对接触到的视频图像信息和相关档案资料予以保密，不得用于与受托工作无关的活动，不得擅自留存、加工、泄露或者向他人提供。

第二十条　国家机关为履行执法办案、处置突发事件等法定职责，查阅、调取公共安全视频系统收集的视频图像信息，应当依照法律、行政法规规定的权限、程序进行，并严格遵守保密规定，不得超出履行法定职责所必需的范围和限度。

第二十一条　为了保护自然人的生命健康、财产安全，经公共安全视频系统管理单位同意，本人、近亲属或者其他负有监护、看护、代管责任的人可以查阅关联的视频图像信息；对获悉的涉及公共安全、个人隐私和个人信息的视频图像信息，不得非法对外提供或者公开传播。

第二十二条　公共安全视频系统收集的视频图像信息被依法用于公开传播，可能损害个人、组织合法权益的，应当对涉及的人脸、机动车号牌等敏感个人信息，以及法人、非法人组织的名称、营业执照等信息采取严格保护措施。

第二十三条　任何单位或者个人不得实施下列行为：

（一）违反法律法规规定，对外提供或者公开传播公共安全视频系统收集的视频图像信息；

（二）擅自改动、迁移、拆除依据本条例第七条规定安装的图像采集设备及相关设施，或者以喷涂、遮挡等方式妨碍其正常运行；

（三）非法侵入、控制公共安全视频系统；

（四）非法获取公共安全视频系统中的数据；

（五）非法删除、隐匿、修改、增加公共安全视频系统中的数据或者应用程序；

（六）其他妨碍公共安全视频系统正常运行，危害网络安全、数据安全、个人信息安全的行为。

第二十四条 公安机关对公共安全视频系统的建设、使用情况实施监督检查，有关单位或者个人应当予以协助、配合。

有关单位或者个人发现有违反本条例第七条第三款、第八条第一款、第九条第一款规定安装图像采集设备及相关设施的，可以向公安机关举报。公安机关应当依法及时处理。

第二十五条 公安机关应当严格执行内部监督制度，对其工作人员履行公共安全视频系统建设、使用职责情况进行监督。

公安机关及其工作人员在履行公共安全视频系统建设、使用、监督管理职责过程中，有违反本条例规定，或者其他滥用职权、玩忽职守、徇私舞弊行为的，任何单位或者个人有权检举、控告。

第二十六条 违反本条例第七条第三款、第九条第一款规定安装图像采集设备及相关设施的，由公安机关责令限期改正，并删除所收集的视频图像信息；拒不改正的，没收相关设备设施，对违法个人并处5000元以下罚款，对违法单位并处2万元以下罚款，对其直接负责的主管人员和其他直接责任人员处5000元以下罚款。

第二十七条 违反本条例第八条第一款规定安装图像采集设备及相关设施的，由公安机关没收相关设备设施，删除所收集的视频图像信息，对违法个人并处5000元以上1万元以下罚款，对违法单位并处1万元以上2万元以下罚款，对其直接负责的主管人员和其他直接责任人员处5000元以上1万元以下罚款；偷窥、偷拍、窃听他人隐私，构成违反治安管理行为的，依法给予治安管理处罚；构成犯罪的，依法追究刑事责任。

对相应区域、部位负有经营管理责任的单位或者个人未履行本条例第八条第二款规定的日常管理和检查义务的，由公安机关责令改正；拒不改正或者造成严重后果的，对违法个人处5000元以上1万元以下罚款，对违法单位处1万元以上2万元以下罚款，对其直接负责的主管人员和其他直接责任人员处5000元以上1万元以下罚款，并通报有关主管部门根据情节轻重责令暂停相关业务或者停业整顿、吊销相关业务许可或者吊销营业执照。

第二十八条 未依照本条例第十条规定征得相关涉密单位同意安装图像采集设备及相关设施的，由公安机关没收相关设备设施，删除所收集的视频图像信息，对违法个人并处5000元以上1万元以下罚款，对违法单位并处1万元以上2万元以下罚款，对其直接负责的主管人员和其他直接责任人员处5000元以上1万元以下罚款；非法获取国家秘密、军事秘密的，依照有关法律的规定给予处罚；构成犯罪的，依法追究刑事责任。

第二十九条 未依照本条例第十四条规定备案或者提供虚假备案信息的，由公安机关责令限期改正；拒不改正的，处1万元以下罚款。

第三十条 违反本条例第二十三条第二项规定擅

自改动、迁移、拆除图像采集设备及相关设施的，由公安机关责令改正，给予警告；拒不改正或者造成严重后果的，对违法个人处5000元以下罚款，对违法单位处5000元以上1万元以下罚款，对其直接负责的主管人员和其他直接责任人员处5000元以下罚款。

第三十一条　违反本条例规定，未履行网络安全、数据安全和个人信息保护义务，或者非法对外提供、公开传播视频图像信息的，依照《中华人民共和国网络安全法》、《中华人民共和国数据安全法》、《中华人民共和国个人信息保护法》的规定给予处罚；构成违反治安管理行为的，依法给予治安管理处罚；构成犯罪的，依法追究刑事责任。

第三十二条　公安机关及其工作人员在履行公共安全视频系统建设、使用、监督管理职责过程中，违反本条例规定，或者有其他滥用职权、玩忽职守、徇私舞弊行为的，由上级公安机关或者有关主管部门责令改正，对负有责任的领导人员和直接责任人员依法给予处分；构成犯罪的，依法追究刑事责任。

其他国家机关及其工作人员在履行公共安全视频系统建设、使用、相关管理职责过程中，违反本条例规定，或者在依照本条例第二十条规定查阅、调取视频图像信息过程中，有滥用职权、玩忽职守、徇私舞弊行为的，由其上级机关或者有关主管部门责令改正，对负有责任的领导人员和直接责任人员依法给予处分；构成犯罪的，依法追究刑事责任。

第三十三条　在非公共场所安装图像采集设备及相关设施，不得危害公共安全或者侵犯他人的合法权益，对收集到的涉及公共安全、个人隐私和个人信息的视频图像信息，不得非法对外提供或者公开传播。

违反前款规定的，依照本条例第三十一条规定给予处罚。

第三十四条　本条例自 2025 年 4 月 1 日起施行。

公共安全视频图像信息系统监督管理工作规定

（2025年5月21日　公通字〔2025〕11号）

第一条　为了保障《公共安全视频图像信息系统管理条例》（以下简称《条例》）的贯彻实施，规范公安机关对公共安全视频图像信息系统（以下简称"公共安全视频系统"）建设、使用的监督管理，制定本规定。

第二条　公安机关依照《条例》规定，对建设、使用公共安全视频系统实施监督管理，适用本规定。

第三条　公安机关开展公共安全视频系统监督管理工作，应当遵循依法依规、分工负责、分类监管、便捷高效的原则。

第四条　公安机关科技信息化部门统筹负责公共安全视频系统建设、使用的监督管理工作。

公安机关治安管理、反恐怖、网络安全保卫部门在各自职责范围内,负责公共安全视频系统建设、使用的监督管理工作。

铁路、民航等行业公安机关和移民管理机构在各自管辖范围内,负责公共安全视频系统建设、使用的监督管理工作。

第五条 公共安全视频系统管理单位可以通过线上或者线下方式办理《条例》第十四条规定的备案。

公安机关统一建设部署公共安全视频图像信息系统备案平台,支持通过线上方式办理备案。

第六条 公共安全视频系统管理单位办理备案时,应当提供经办人身份证件和加盖单位公章的委托办理备案授权书,并如实填写以下备案信息或者提交备案材料:

(一)公共安全视频系统管理单位基本信息,包括单位名称、类型、统一社会信用代码等;

(二)公共安全视频系统基本信息,包括系统建设位置(含图像采集设备相关信息)、数量及功能类型、视频图像信息存储期限等。

第七条 申请人通过线上方式备案的,县级公安机关应当在申请提交之日起5个工作日内,对备案信息齐全的,予以备案;对备案信息不齐全的,一次性告知申请人需要补正的信息。

第八条 申请人通过线下方式备案的，县级公安机关应当在政务服务大厅公安窗口或者公安机关办事窗口接收备案申请材料。备案材料齐全的，由窗口工作人员录入公共安全视频图像信息系统备案平台，予以备案；备案材料不齐全的，应当当场一次性告知申请人需要补正的材料。

对窗口接收的备案材料，应当在一个月内转交至县级公安机关科技信息化部门归档。

第九条 公共安全视频系统管理单位办理备案变更的，县级公安机关应当按照第七条、第八条的规定及时受理备案变更信息。

第十条 公安机关依法对公共安全视频系统的建设、使用情况开展监督检查。检查内容包括：

（一）建设安装主体是否符合《条例》规定；

（二）是否设置显著的提示标识；

（三）是否拍摄涉密单位信息；

（四）是否备案以及备案信息是否真实；

（五）系统是否正常运行；

（六）是否建立系统监看、管理等重要岗位人员的入职审查、保密教育、岗位培训，以及信息调用登记等管理制度；

（七）视频图像信息的保存期限是否符合《条例》规定；

（八）是否按照相关标准开展公共安全视频系统建设，并妥善保管设计、施工、检验、验收等工作的档案资料；

（九）图像采集设备的安装位置、拍摄角度和数据采集范围是否符合《条例》和强制性标准规定；

（十）公共安全视频系统采用的产品、服务是否符合国家标准的强制性要求；

（十一）是否采用完善的防攻击、防入侵、防病毒、防篡改、防泄露等安全技术措施；

（十二）是否定期维护设备设施；

（十三）是否采取规范内部人员查阅处理视频图像信息的授权管理、访问控制等技术措施。

第十一条 公安机关根据工作需要，通过一般检查和专业检查方式，对公共安全视频系统的建设使用情况依法开展监督检查。

一般检查主要由公安派出所实施，重点检查本规定第十条第一项至第七项内容。专业检查由公安机关科技信息化部门组织实施，重点检查本规定第十条第八项至第十三项内容。

第十二条 公安机关对《条例》第七条规定以外的其他公共场所开展监督检查，应当遵守《条例》第九条规定，重点检查本规定第十条第一项至第三项内容。

第十三条 公安机关开展公共安全视频系统监督检查应当制作检查笔录，使用执法记录仪记录检查情况。

第十四条 监督检查中发现违反《条例》规定的情形，公安机关应当依法责令改正、责令限期改正或者作出行政处罚决定；构成犯罪的，依法追究刑事责任。

第十五条 公安机关应当在责令改正作出之日或者责令限期改正期满之日起3个工作日内，对整改情况进行复查。复查情况应当如实记录。

第十六条 有关单位或者个人根据《条例》第二十四条规定向公安机关举报的，公安机关应当及时核查。

第十七条 公安机关应当建立完善公共安全视频系统监督检查工作机制，加强信息共享和协作配合，防止多头检查、重复检查。

第十八条 县级以上公安机关应当配备与公共安全视频系统监督管理工作相适应的专职民警。

第十九条 公安机关科技信息化部门应当加强对系统备案和监督检查工作的指导培训和技术支持。

第二十条 公安机关及其工作人员在履行监督管理职责中,玩忽职守、滥用职权、徇私舞弊的,依法给予处分;构成犯罪的,依法追究刑事责任。

第二十一条 各省级公安机关和铁路、民航等行业公安机关可以依据本规定制定实施细则。

第二十二条 本规定自印发之日起施行。

公共安全视频图像信息系统管理条例
公共安全视频图像信息系统监督管理工作规定
GONGGONG ANQUAN SHIPIN TUXIANG XINXI XITONG GUANLI TIAOLI
GONGGONG ANQUAN SHIPIN TUXIANG XINXI XITONG JIANDU GUANLI GONGZUO
GUIDING

经销/新华书店
印刷/保定市中画美凯印刷有限公司
开本/850 毫米×1168 毫米 32 开 印张/0.75 字数/9 千
版次/2025 年 6 月第 1 版 2025 年 6 月第 1 次印刷

中国法治出版社出版
书号 ISBN 978-7-5216-5375-5 定价：5.00 元

北京市西城区西便门西里甲 16 号西便门办公区
邮政编码：100053 传真：010-63141600
网址：http://www.zgfzs.com 编辑部电话：**010-63141673**
市场营销部电话：010-63141612 印务部电话：**010-63141606**

（如有印装质量问题，请与本社印务部联系。）

ISBN 978-7-5216-5375-5

定价：5.00元